DU

SEUL PARTI A PRENDRE

A L'ÉGARD DE

SAINT-DOMINGUE.

A PARIS,

Chez DELAUNAY et PÉLICIER, LIBRAIRES, AU PALAIS-ROYAL.

1819.

DE L'IMPRIMERIE DE PLASSAN, RUE DE VAUGIRARD, N° 15,

DERRIÈRE L'ODÉON.

DU

SEUL PARTI A PRENDRE

A L'ÉGARD DE

SAINT-DOMINGUE.

LE grand art de gouverner les hommes, reconnu de tout temps comme si difficile, serait infiniment simplifié si tous les individus appelés par des lois éternelles, par le principe même de leur intelligence, à vivre en société, pouvaient être amenés à agir les uns à l'égard des autres avec cette fraternité dont la nature a placé le sentiment au fond de nos cœurs, que la raison, ainsi que la véritable philosophie, ne cessent de prêcher aux hommes, mais que d'un autre côté la triste réalité et tous les monumens de l'histoire nous montrent sans cesse étouffée sous l'empire des cruelles passions. Ils n'approcheraient plus dès-lors ceux de leurs concitoyens chargés du pénible soin du gouvernement, qu'avec le désir de les éclairer; ils ne se combattraient plus dans des écrits trop souvent inspirés par la haine, l'égoïsme ou le mensonge; et n'ayant qu'un seul et même but, celui de l'amélioration de leur condition sociale, on ne les verrait pas s'engager dans des luttes, des dissensions souvent aussi funestes à leurs intérêts qu'au bien de la patrie.

C'est ainsi que l'on voit journellement paraître des écrits sur l'importante question de la restauration de Saint-Domingue, écrits entachés, pour la plupart, de l'esprit de parti, et surtout riches en déclamations contre l'état actuel des choses dans cette île; état dont on n'accuse pas tout-à-fait le ministère actuel, mais qu'on lui prescrit impérieusement de changer, de bouleverser au gré de prétentions que, pour nous montrer plus modérés que nos adversaires, nous nous contenterons de qualifier d'insensées.

Tous ces écrits, au reste assez semblables pour le fond et pour la forme, et qui ne reproduisent guère que les mêmes idées, peuvent se réduire aux points fondamentaux qui suivent, et dont nous nous chargeons de démontrer facilement la fausseté.

1º *Vives injonctions aux ministres d'avoir à s'occuper sur-le-champ du grand objet de la* restauration de Saint-Domingue, qui peut seule rendre à la France son ancienne splendeur;

_ Idée que l'on prouvera chimérique et impossible à atteindre.

2° *Nécessité de conserver le système colonial tel qu'on l'a conçu jusqu'à ce jour, auquel on veut que toute l'Europe soit intéressée, et dont l'altération a causé, dit-on, les massacres de Saint-Domingue;*

Alors que la cessation de la traite amènera nécessairement le changement de ce système que toutes les puissances désirent tout au moins de voir adoucir, et qu'il est bien prouvé que ces massacres datent surtout du jour où des aventuriers à la solde de l'Angleterre sont venus désoler les florissantes campagnes de Saint-Domingue.

3° *Déclamations contre les noirs, que l'on accuse de brigandages et de paresse;*

Quoique l'on voyage avec toute sécurité dans Saint-Domingue, et que ces mêmes écrits annoncent (pour prouver sans doute cette paresse supposée) que ces stupides et indolens Haïtiens couvriront bientôt l'Atlantique de leurs bâtimens, et s'y rendront redoutables à toutes les puissances.

4° *Différence de constitution physique;*

4

Qui pourrait en effet être constatée, autrement, il est vrai, que les adversaires l'entendent, par l'avantage qu'a le noir d'être invincible dans Saint-Domingue.

5° *Crainte de voir exterminer la race blanche dans les Antilles par les noirs libres, devenus le fléau des nations;*

Alors que l'on a la certitude que les noirs se sont montrés bons, sociables et capables de vivre sous un gouvernement régulier, à la suite de la liberté qui leur fut donnée, d'une manière toutefois si désastreuse, à Saint-Domingue.

Les blancs n'ont point été inquiétés par les noirs pendant tout le temps qu'ils ont joui de leur liberté, sous les gouvernemens successifs du négrophile Laveaux, de l'agitateur Sonthonax, du contemplatif Raymond, de l'irascible Hédouville, du démocrate Roume, et surtout des deux chefs noirs, l'étonnant Toussaint, et le sévère et probe Christophe Henri.

Non, jamais les noirs libres ne seront le fléau des nations; ils vivront de peu dans une sage obscurité, et à l'abri de la fièvre malfaisante des conquêtes. Le souvenir des cruautés des blancs, les leçons qu'ils ont reçues de quelques misérables Français à la solde de l'Angleterre, qui en ont fait des soldats, et les vendaient souvent après leur avoir fait assassiner leurs maîtres, les rendront toujours méfians et invincibles dans leurs repaires, où ils se défendront à outrance ; mais ils n'attaqueront jamais.

6° *Impossibilité de traiter avec les noirs;*

Tandis que tous les pavillons sont admis, et se pressent dans leurs ports, à l'exception du pavillon français, à raison des écrits mensongers et provocateurs qui circulent en France, et de toutes les prétentions des Français toujours annoncées sans mesure.

7° *Nécessité, enfin, de l'état de guerre pour conserver à l'Europe la souveraineté des Antilles, et plus particulièrement celle de la Martinique et de la Guadeloupe;*

Heureuse et humaine conclusion d'une secte que l'on n'accusera pas sans doute de rêver des *niaiseries sentimentales,* mais qui ferait bien de reconnaître que l'émancipation devient tous les jours le résultat de plus en plus inévitable de ses irritans écrits, et de ses funestes prétentions ; qui devrait surtout s'apercevoir que la souveraineté des Antilles, réclamée pour l'Europe, n'étant probablement pas dans les intérêts de la seule puissance qui a la force nécessaire pour l'établir et la maintenir, cette souveraineté ne saurait subsister long-temps.

Quant à la tranquillité à conserver aux deux îles de la Martinique et de la Guadeloupe, elle serait bien plus assurée, sans doute, par un traité fait avec les gouvernemens qui régissent actuellement Saint-Domingue, que par tous les éctits incendiaires qui peuvent porter ces mêmes gouvernemens à faire éclater leur animosité contre la France et ses possessions aux Antilles.

Tel est à peu près le léger et faible canevas des imputations odieuses et inexactes sur lequel les pamphlétaires coloniaux brodent leurs rêveries guerroyantes et leurs projets chimériques pour rappeler l'ancienne splendeur coloniale de la France. Ils font parade de grandes combinaisons, annoncent toujours de brillans résultats, mais ils n'approfondissent rien, ne traitent à fond aucune question, et leurs vaines et ignorantes déclamations ne peuvent qu'accroître les embarras de l'administration, en même temps qu'elles irritent des hommes que l'on ne soumettra plus par la force, mais dont l'on pourrait encore obtenir de grands avantages, en consentant à reconnaître ce qu'ils sont, et ce qu'ils ne peuvent cesser d'être.

Il est temps enfin de fixer un peu mieux les idées, et de mettre au jour des vérités, d'après lesquelles on puisse asseoir quelque détermination ; l'on croira avoir atteint ce but et avoir rendu un important service au gouvernement et aux colons si l'on parvient à prouver les trois assertions suivantes :

1° Saint-Domingue ne peut être soumis par des forces européennes ;

2° Le rétablissement de Saint-Domingue, soumis par la force, n'est pas dans les intérêts de la France ;

3° Le seul moyen, pour la France, de retirer encore quelque avantage de Saint-Domingue, est de reconnaître l'indépendance de son ancienne colonie.

ASSERTION PREMIÈRE.

*Saint-Domingue ne peut être soumis par
des forces européennes.*

L'impossibilité de soumettre Saint-Domingue, à l'aide de forces européennes, est également
démontrée par les efforts et les sacrifices
inouïs qu'a faits la France pour créer cette
colonie, et par les efforts et les sacrifices non
moins énormes qu'elle a vainement prodigués
pour la conserver.

Ces sacrifices, ces pertes, sont des tributs que
payeront toujours les armemens européens au
climat brûlant et au sol malsain de Saint-Domingue, lorsqu'ils seront obligés à de grands
travaux au moment de leur arrivée, et à la
suite des fatigues d'une traversée toujours
dangereuse pour eux.

L'art le plus recherché, les soins les mieux
entendus, qui ne furent jamais aussi bien ad-
ministrés que dans Saint-Domingue, arra-
chaient difficilement à la mort, et presque

jamais à une maladie grave, l'européen qui arrivait dans la colonie à l'époque de sa grande prospérité. Mais aujourd'hui qu'il n'existe plus d'abris pour celui qui arrive; aujourd'hui que l'homme qui débarque est exposé à toutes les intempéries du climat; qu'il a à combattre, outre les misères d'une guerre terrible, le violent contraste du passage subit d'une excessive chaleur à un état de froidure qui le fait trembler de tous ses membres, après avoir reçu sur son corps les énormes volumes d'eau qui trempent le sol des Antilles; aujourd'hui, dis-je; l'on ne peut plus espérer de sauver la vie des arrivans. Les transpirations seront interceptées à la suite des pluies; la masse du sang, qui s'épurait par les sueurs abondantes, sera viciée par leur suppression; le système des humeurs entrera en fermentation: de là la dissolution des forces vitales, la fièvre jaune, et une prompte mort, qui dévorera les hommes dont la constitution ne sera pas assouplie au climat, avant que l'on en exige de grandes fatigues. La fièvre jaune est, et sera plus que jamais, une contagion funeste à l'arrivant; elle épargne et épargnera toujours les colons et les naturels du pays, mais elle attend presque inévitablement l'européen trop fatigué au moment de son arrivée dans les Antilles.

Si l'européen, lors de l'établissement de Saint-Domingue, a trouvé la mort en attaquant un nouveau sol, quoiqu'il n'eût à lutter que contre le climat; si, dans les temps de la haute prospérité de la colonie, entouré des secours de l'art et des soins les plus recherchés, on l'a vu encore succomber souvent en arrivant, ou du moins n'échapper presque jamais à de graves maladies, qu'osera-t-on espérer aujourd'hui que le pays, loin d'offrir un asile, se trouve au contraire occupé par un ennemi qu'on ne voit point, qui vit de rien, dort quand il veut, et où il veut, jouit d'une force infiniment supérieure à celle du blanc, tandis que celui-ci se trouve tout-à-coup transporté dans le climat le plus destructeur, le moins approprié à ses habitudes, ainsi qu'à sa constitution.

Le sommeil, ce souverain réparateur de nos forces, le sommeil qui, seul, peut rendre le calme au sang trop agité du nouvel arrivant dans les Antilles, lui est absolument interdit pendant les grandes chaleurs du jour. La nuit seule amène, sous ce brûlant climat, la tranquillité et la fraîcheur nécessaires au vrai repos; mais le noir, instruit de nos besoins, ne manquera pas de troubler les momens de cette précieuse jouissance. Quelques coups de fusil suffisent pour alarmer tout un camp ordinairement sans défense; la nuit se passe debout à observer des hommes que l'on ne voit point et qui nous voient aisément; les fatigues, les chaleurs du jour ajoutent à l'embrasement du sang, et le soldat européen succombe bientôt à ces maladies ardentes qui, selon l'expression usitée à Saint-Domingue, pressent au même moment, près du malade, le médecin, le prêtre, le notaire et la mort.

C'est ainsi qu'ont péri 80,000 braves pendant l'horrible lutte amenée par la révolution. L'européen, on ne saurait assez le répéter, ne peut soutenir les fatigues de la guerre dans les Antilles après neuf heures du matin, et dans d'autres mois que ceux de novembre, décembre, jusqu'à la fin d'avril; hors de l'heure et des mois ci-dessus désignés, il n'est plus capable des mêmes efforts. L'abattement du physique influe sur le moral; l'homme languit, et, dans l'affaissement de tous ses organes, chaque jour il se détache pour ainsi

dire d'une partie de sa vie, et met bientôt autant d'insouciance à la conserver qu'il éprouve
d'impuissance à la bien défendre.

Mais, nous dit-on, peu de soldats vaincront
toujours beaucoup de révoltés. L'on doit ajouter que ces soldats, pour vaincre, doivent être
des hommes pleins de vigueur, d'enthousiasme
et de santé ; or, il est prouvé que l'européen
perd tous ces avantages sous la ligne et dans
les Antilles, où le noir en jouit pleinement.
Il ne peut exister d'enthousiasme dans un individu débile et souffrant, étranger à la cause
pour laquelle il combat; l'enthousiasme pour
la liberté est au contraire à son comble chez
le noir. Quant à la santé, elle est encore exclusivement le partage de celui-ci sous les brû-
lans climats pour lesquels la nature l'a sans
doute formé.

L'homme qui a vaincu et qui vaincra toujours à Saint-Domingue, c'est le noir, vraiment enthousiasmé et jouissant de toute sa vigueur physique et morale.

Mais écoutons un instant les faiseurs de projets, si l'on peut même les gratifier de ce nom;
car ces hommes, pour la plupart, sont inca-
pables de rien concevoir de raisonnable, ou
plutôt ils ne concevront jamais rien hors de

la sphère de leurs passions et de leurs intérêts. « Envoyez, disent-ils, de grandes forces, cinquante mille hommes, par exemple, à Saint-Domingue; enveloppez les révoltés : une campagne de trois mois suffira pour rétablir l'ordre et soumettre les esclaves. » Sans doute l'on appuiera ces grandes idées du résultat obtenu par de semblables moyens à la Guadeloupe; mais, sans vouloir trop analyser ce résultat, qui a exigé de grands sacrifices, et sans vouloir rappeler ici les énormes pertes causées par la dernière expédition de Saint-Domingue, où 50,000 Français vinrent tremper de leur sang le sol de la colonie, quelle comparaison peut-on faire, militairement parlant, entre le territoire immense de Saint-Domingue et une petite possession dont toutes les vraies positions militaires, connues à l'avance, peuvent être occupées au même moment et soumises, en quelque façon, au coup d'œil du même chef?

A quelles dépenses, à quels sacrifices de tout genre n'entraînerait pas aussi le transport d'une pareille expédition!

Allons plus loin; supposons-la débarquée sur la côte de Saint-Domingue. Quels moyens pourront être employés pour la faire pénétrer et opérer, à douze et quinze lieues de distance du bord de la mer ? Les vivres pourront abonder sur la côte ; mais l'on peut croire à l'impossibilité de les introduire au travers d'un pays plus que jamais couvert de halliers déchirans, hérissé d'embuscades que l'on ne peut ni soupçonner ni voir. Le soldat, parvenu à quinze lieues de la côte, y succombera également de fatigue et d'inanition, et surtout de la soif, car l'européen qui ne peut étancher sa soif en arrivant à Saint-Domingue, à raison de ses grandes transpirations, sera cependant obligé de faire la guerre dans des pays dépourvus d'eau.

De tout temps, la colonie de Saint-Domingue a souffert des déprédations de quelques noirs réfugiés dans les hautes montagnes, et connus sous le nom de *Nègres-Marrons* ; le gouvernement de Saint-Domingue, dans le temps de sa toute-puissance, ne les soumit jamais ; tout le monde a entendu parler des forces indomptables des noirs révoltés des montagnes Bleues de la Jamaïque : les Nègres de Saint-Domingue sont maintenant aguerris ; ils connaissent la guerre à faire sur un des plus vastes théâtres des Antilles ; ils ont fait succomber d'excellentes troupes dans les premiers momens de leurs grossiers efforts. De quel espoir peut-on se flatter aujourd'hui en attaquant des hommes aussi braves qu'entrepenans?

Admettons, si l'on veut, ce que l'on est loin de penser, que deux cents européens perceront toujours les plus grands rassemblemens de noirs aussi facilement que la proue fend l'onde; mais n'oublions pas que cette proue ne laisse bientôt plus de traces sur la surface des eaux qui reprennent le calme et leur niveau, et que tout aussi sûrement les noirs reprendront avec tranquillité leurs positions après le passage de la colonne, qui sera horriblement harassée des combats du jour, qui aura fait des pertes, et ne pourra prendre de repos pendant la nuit.

Les faits se présentent en foule à l'appui de ce que l'on avance et que nous a appris une douloureuse expérience. Combien ne trouverait-on pas de preuves faites pour les confirmer rien qu'en jetant les yeux sur des localités qui réunissent des circonstances semblables, quoique bien moins éloignées de nous?

Pourquoi le Corse, par exemple, reste-t-il indépendant dans ses hautes montagnes? C'est que la vigueur et la santé soutiennent son enthousiasme pour l'indépendance. L'on soumet l'homme qui n'est défendu que par des murailles; l'enfant de la nature est invincible dans l'inabordable asile où elle l'appelle, et qui lui suffit.

Or, quel enfant fut jamais plus favorisé de la nature que le noir à Saint-Domingue! Quelles montagnes, quel climat le défendent contre l'européen? Oui, sous ce ciel brûlant, sur ces pittons inaccessibles, les noirs détruiraient toute l'armée française.

Quand on est obligé de consigner un tel aveu, quel ennemi, quelle force prétendra-t-on leur opposer?

Accordant toutefois que quelque apparence de succès pût se déclarer momentanément pour l'européen dans une lutte aussi inégale; qui ne voit que, dans cette hypothèse même, les pertes de la France ne seraient pas moins irrémédiables?

Quelle sécurité, en effet, pourrait être offerte à l'habitant qui aurait le courage d'aller rechercher sa propriété en cendres au milieu d'un reste d'hommes indestructibles et terribles?

Quel espoir qu'aucun colon pût faire renaître sa fortune du milieu des décombres sanglans de ses propriétés consumées, sans le secours de nombreux cultivateurs que l'on ne peut plus se procurer, et qui ne trouveraient plus qu'une terre délayée dans du sang?

Non, les noirs de Saint-Domingue ne peuvent pas, ne doivent pas être soumis par la force.

Ils le paraîtraient, qu'aucun homme raisonnable n'entreprendrait de les conduire, et n'oserait se fier à eux; ils le paraîtraient, que les habitations dévastées de cette terre fertile ne pourraient être relevées, ni indemniser les propriétaires de leurs sacrifices, et surtout de leurs dangers.

La prudence, la raison, l'humanité réunies, nous dictent de pénibles aveux, nous commandent surtout de nouvelles opinions. On ne peut plus, aujourd'hui, méconnaître le triomphe de la secte des amis des noirs, dont la marche fut trop précipitée, et surtout trop peu éclairée, mais qui, fortement secondée de la tendance générale de l'opinion publique en Europe vers les idées libérales, a irrévocablement consacré l'indépendance de Saint-Domingue. Le moment de reconnaître cette vérité est incontestablement venu; c'est le seul moyen de diminuer les désastres éprouvés par la France, et de lui rendre quelque chose de

2

cette grande prépondérance qu'elle exerça dans les Antilles, et qui s'anéantira pour elle aux îles du Vent et sous le Vent, si elle ne cède à l'empire des circonstances.

C'en est assez, sans doute, pour prouver ce qui a été avancé sur l'impossibilité de soumettre les noirs de Saint-Domingue à l'aide des forces européennes. L'on doit néanmoins donner quelque attention à la proposition quelquefois mise en avant d'établir un sévère blocus autour de la partie française de l'île, à la faveur duquel des débarquemens partiels désoleraient l'intérieur qui, ne pouvant recevoir aucun secours du dehors, serait forcé à quelque arrangement favorable à la métropole.

L'on observera d'abord, contre l'idée d'une pareille entreprise, que les débarquemens ne pourraient pénétrer fort avant dans l'intérieur; ainsi ils ne s'étendraient pas au-delà des parties du bord de la mer susceptibles de cultures, mais en même temps les plus malsaines, à raison des débordemens des plus fortes rivières, dont les rives ne pourraient plus être entretenues: les troupes de débarquement trouveront donc d'abord des marais méphitiques, couverts de halliers, de bigailles, de mous-

tiques, de maringouins, et autres insectes ; les
cultures d'ailleurs seront peu de chose dans ces
parties, et les plus importantes seront reculées
dans des lieux écartés et inabordables, surtout
si l'on débarque sur des portions de côtes mon-
tueuses et chargées de défilés ; l'on ne peut
donc attendre aucun résultat bien inquiétant
pour les noirs, de quelques débarquemens
partiels, toujours annoncés à l'avance par la
présence de quelques bâtimens dans le voisinage de la côte, et contre lesquels des pré-
cautions auront été prises.

Les résultats à attendre d'un blocus général
paraissent encore bien moins effrayans pour
un peuple entouré d'îles voisines avec lesquelles on ne l'empêchera jamais de communiquer ;
ce peuple aura en outre les communications
toujours libres avec la partie espagnole, ce
qui suffira, et au-delà, à ses besoins, qui sont
excessivement bornés. Les vivres du pays ne
sauraient manquer à ses habitans, toujours
suffisamment vêtus, toujours convenablement
logés sous un climat dévorant pour l'ennemi,
prodigue de bienfaits pour l'enfant de l'Afri-
que ; l'on ne voit pas qu'avec les véritables richesses de la nature, ils aient beaucoup à redouter du blocus le plus sévère, qui serait en

revanche excessivement onéreux à la puissance qui l'entreprendrait. Certes, un pareil moyen ne ferait que convaincre de plus en plus le gouvernement assez téméraire pour le tenter, que le possesseur du sol ne peut être soumis par aucune force européenne, ni de terre ni de mer, et qu'il faut recourir à d'autres moyens d'opérer un changement contre lequel s'efforce en vain de lutter l'intérêt d'une politique aussi fausse que funeste à la France. L'on peut même ajouter que le succès d'un blocus général serait contraire aux intérêts de l'Europe, qui doit désirer de voir les noirs se livrer au travail et créer des moyens d'échange. Un blocus sévère les rendrait fainéans et farouches, ce qui n'est dans les intérêts d'aucune puissance, tandis qu'il importe à toutes d'en faire de paisibles cultivateurs.

Tout ce que l'on a avancé sera encore bien plus sûrement démontré, si l'on parvient à prouver que le rétablissement de Saint-Domingue par la force ne saurait être dans les intérêts de la France, ce qui est l'objet de la seconde assertion.

SECONDE ASSERTION.

Le rétablissement de la colonie de Saint-Domingue supposée soumise par des forces européennes n'est pas dans les intérêts de la France.

Il reste peu à dire, sans doute, après ce qui a été avancé sur l'impossibilité de soumettre les noirs de Saint-Domingue par une force européenne, pour prouver que cette soumission, et par suite le rétablissement de la colonie sous son ancien régime, ne sauraient être ambitionnés par le gouvernement de la France.

L'on supposera néanmoins qu'après des sacrifices incalculables, l'on soit parvenu à pouvoir croire à une soumission qui ne sera jamais qu'apparente, car il y aura toujours des noirs révoltés dans les hautes montagnes qui feront sans cesse le désespoir des planteurs.

Quelques habitans hardis, pressés par le besoin, iront s'établir sur leurs habitations, où la plupart des noirs que l'on aura pu soumettre, ne seront qu'un ramas de vieillards et d'hommes impotens, qui auront perdu l'habitude du travail, et ne supporteront plus les châtimens violens qui les y contraignaient; l'on verra naître dès-lors de nouveaux sujets de désespoir pour le planteur.

Il est en effet notoire que le noir a deux moyens certains de se soustraire à la volonté de son maître : la révolte et le refus d'un travail raisonnable. Ce second moyen était journellement opposé à la volonté du maître avant la révolution; et les punitions les plus fortes pouvaient seules astreindre au travail un grand nombre d'hommes qui en feront bien peu aujourd'hui qu'ils ne pourront pas être contraints avec la même sévérité. Quel sera dès-lors le sort de ces habitans obligés à des dépenses excessives pour relever leurs fortunes?

Admettons enfin que le propriétaire puisse vivre en sûreté sur son habitation; mais est-ce là l'objet que le gouvernement doive avoir en vue? Le gouvernement doit surtout s'assurer des moyens d'échange pour le commerce national, et d'abondantes ressources d'importation et d'exportation pour la marine; il faut donc que le planteur crée de gros revenus; l'intérêt du gouvernement veut que ce planteur soit riche et tranquille : or, on ne peut compter aujourd'hui ni sur l'un ni sur l'autre de ces deux avantages.

Il a été suffisamment prouvé que l'on ne peut obtenir le dernier : quant au premier, il n'est aucun habitant qui puisse nier qu'il ne reste que très-peu de bois debout dans la partie française de Saint-Domingue, et que les terres en rapport sont plus ou moins épuisées par les cultures. La haute valeur des cafés dans les derniers temps, avait fait abattre la très-grande partie des bois qui fixaient les nuages, assuraient les pluies et la fraîcheur nécessaires à la fécondité du cafier ; les récoltes en café diminuaient considérablement dans les parties du nord et de l'ouest au moment de la révolution, à raison des grandes sécheresses et de l'appauvrissement de la terre. L'habitant qui disposait de beaucoup de bras formait des bois neufs, des plantations nouvelles, pour soutenir son revenu ; mais il mettait son habitation à bout. Ce fait est connu, et tellement vrai, que l'on pourrait avancer avec toute raison que le planteur en café plaçait communément sa fortune à fonds perdu, et n'avait qu'un temps déterminé de jouissance, qui lui assurait, à la vérité, un énorme intérêt de ses capitaux ; mais une pareille fortune était précaire. Elle cessait du moment que le planteur ne pouvait plus se créer de plantations neuves. De pareils succès n'auraient pas répondu long-temps aux vues du gouvernement.

Le vice inhérent aux plantations en café à Saint-Domingue, et dont on vient de parler, ne se borne pas là, dans la partie française de cette île, que le gouvernement doit regarder comme usée et sans valeur réelle relativement au grand objet qu'il doit atteindre, malgré les tableaux mensongers et les criailleries d'hommes adroits, dangereux, intéressés.

Les bois qui existaient sur les montagnes, généralement à pentes très-rapides dans les îles, et qui couvraient le seul terrain qui convienne à la culture du café, avaient la grande utilité de retenir les terres sur les hauteurs où ils les fixaient, et entretenaient une fraîcheur nécessaire à la végétation.

Aujourd'hui, et depuis que les travaux sont négligés, les cafiers se sont chargés de bois qui les tuent; le sol des montagnes découvert subit une grande dessication, effet des chaleurs excessives; la terre se fend, se triture, et les pluies de Saint-Domingue, qui tombent en vrais torrens, entraînent dans le bas des mon-

tagnes une dépouille nécessaire aux cafiers,
qui ne donnent plus qu'une graine échaudée,
et qui périssent bientôt déracinés et desséchés.

Les ravages résultant de l'exploitation des
bois des montagnes, entraînent d'autres désastres plus graves encore. Les lits des rivières
traversant les plus riches plaines, sont exhaus-
sés par la chute abondante des terres; et les
magnifiques travaux faits avant la révolution
pour maintenir les torrens dans leurs lits, ne
pouvant plus être entretenus, d'affreux débordemens ont lieu dans les plaines qu'ils dé-
vastent et changent en marais infects.

Que l'on ne reproche pas surtout à cet af-
fligeant tableau de ne rendre que l'état d'une
petite partie de la colonie; ce fléau s'est étendu
plus ou moins sur la presque totalité des quartiers. La rivière du Massacre dévorait, en
1801, l'habitation Vaublanc et celles de ses
voisins; ses irruptions nécessitaient d'immenses travaux qui n'ont sûrement pas eu lieu.
La Grande-Rivière exigeait dans l'habitation
du Pla, et au-dessus comme au-dessous, des
travaux de jetées énormes qui, après avoir
protégé les habitations d'en-haut, portaient
un fertile limon sur les habitations de Cha-

tenoi; la rivière du Haut du Cap, la ravine du Cap abîment la belle rade de ce nom, qui devient de plus en plus difficile.

La rivière du Limbé ravageait sa plaine, attaquait avec avantage, à la même époque de 1801, les magnifiques jetées de Blin forcées de céder aux travaux prodigieux par lesquels Bayon avait rejeté sur ces jetées l'effort des eaux, et le Bas-Limbé n'est sûrement plus qu'un marais infect aujourd'hui.

Les belles habitations le Gras et celles au-dessous, dans le quartier du port Margot, sont également en proie aux irruptions de la rivière qui n'est sûrement plus contenue dans son lit.

Les trois rivières du port de Paix traversent probablement aujourd'hui les habitations Chanceaulme, Aubert, le Brun; et l'habitation Foache se défend sûrement très-mal elle-même des crues torrenteuses du petit ruisseau de Jean Rabel.

Laissons de côté le Môle, Bombarde, le Port-à-Piment, les Moustiques, Terre-Neuve, et le Gros-Morne. Tous ces quartiers, pauvres en cultures, qui manquent de pluies, et qui ont produit quelque indigo, que refuse aujourd'hui leur sol épuisé, ne produisaient, au moment de la révolution, que quelques cafiers habituellement desséchés sur pied, et que les mauvaises herbes et le défaut de culture ont fait périr.

Le quartier des Gonaïves, qui reçoit peu de pluies dans ses bas, n'admet guère que la culture du coton dans sa plaine, depuis que son sol fatigué se refuse à celle de l'indigo. Mais quelle culture que celle d'un végétal que le défaut de pluie dans la vraie saison empêche bien souvent de semer! Quelle culture que celle qu'une pluie trop abondante plus tard fait couler, tomber ou pourrir sur terre! Quelle culture, enfin, que celle que la chenille dévore en vingt-quatre heures, sans laisser aux malheureux planteurs aucune trace de produit!

La riche plaine de l'Artibonite soutenait ses cultures avant la révolution par le soin coûteux de la conservation de ses immenses digues, dont l'entretien écrasait les ateliers des propriétaires de cette vaste plaine. On a vu plusieurs fois cette rivière, dont le lit est beaucoup plus élevé que le sol de la plaine, rompre ses rives factices, se réunir à l'Ester, et ravager, sur une étendue immense, d e magnifiques récoltes. Ces mêmes rives ne sauraient être entretenues aujourd'hui ; et très-certainement le bas de ce magnifique bassin n'est plus qu'un marais.

Les rivières de Léogane, des Cayes et de beaucoup d'autres endroits dont les digues sont probablement dans le même état d'abandon, ne sont pas moins funestes à leurs plaines, qui ne peuvent plus que faire redouter la formation de vastes marais infects. Comment songer à rétablir les travaux nécessaires? Comment dessécher ces pays? la chose est impossible.

Il n'est pas au-dessus des efforts de l'homme de maintenir les torrens dans les plaines, en élevant leurs digues au fur et à mesure que les cultures des hauts rendent leurs poids plus lourds par l'exhaussement de leurs lits ; mais vouloir les ressaisir, et conquérir le terrain qu'ils ont envahi après de nombreuses excursions, et quand le sol des montagnes, déchiré depuis longues années, charge leurs lits de débris, c'est une entreprise au-dessus des forces de l'homme dans les Antilles, où les torrens ont une toute autre allure qu'en Europe. Une végétation excessivement fougueuse, et singulièrement accrue par l'eau et la fraîcheur qui l'accompagne, charge aujourd'hui les terres, jadis si fécondes, de plantes parasites qui dévorent la substance de la terre. Aucun effort ne peut rendre ce sol aquatique à la culture; ses environs deviendront inhabitables à raison de leur insalubrité, et les plus belles parties des riches plaines du fort Dauphin, du quartier Morin, du Limbé, des Trois-Rivières, de l'Artibonite et de beaucoup d'autres quartiers, sont condamnées, dès aujourd'hui, à une stérilité absolue, et à être envahies par des marais impénétrables, d'où s'exhalent sans cesse les vapeurs les plus meurtrières pour l'homme, et surtout pour l'européen.

Cet état de choses, résultat affreux et nécessaire de la force irrésistible des évènemens, pourrait être appuyé d'exemples pris sur le sol de la Corse, dont on a déjà fait mention.

Pourquoi la Corse, ce pays jadis si fertile, qui approvisionnait ses voisins de grains, ne fournit-il plus une nourriture suffisante à ses habitans épars dans les montagnes? C'est que, lors des commotions civiles qui l'agitèrent, les jetées qui contenaient les torrens descendant des hauteurs, et qui les conduisaient jusqu'à la mer au travers des plaines, et dans des lits plus élevés que ces plaines, ont été négligées, coupées; que ces eaux dévastatrices affranchies de leurs barrières, ont inondé les plus précieux terrains, condamnés par ces irruptions à une stérilité absolue. Ces mêmes terres, auparavant si fécondes, sont devenues des marais insalubres, où se sont élevés des makis impénétrables que les efforts de l'homme ne peuvent plus rendre à la culture.

Pressé par le sentiment de sa conservation, le planteur corse, à l'époque des commotions civiles de son pays, s'est vu forcé de se retirer dans la montagne où le poussait aussi le génie de l'indépendance. Le plus grand nombre des habitans, et sans doute les plus riches, sont allés chercher une terre plus habitable, et c'est ainsi que le génie destructeur d'une liberté mal raisonnée a ruiné les richesses de la Corse, expulsé la plus grande partie de sa population, et jeté le reste indomptable de ses habitans dans ses inaccessibles montagnes.

La partie française de Saint-Domingue, tourmentée par les mêmes erreurs, a subi le même sort; elle a vu ses plaines et ses villes dévastées, sa population la plus riche presque en totalité chassée ou détruite, et les montagnes les plus élevées, seule partie de son sol peut-être habitable aujourd'hui, ne seront plus

que le repaire d'un reste d'hommes indépen-
dans qu'aucune force ne soumettra plus.

Toutes les preuves que l'on vient de donner, et qui sont fondées sur des circonstances
locales dont les effets sont irrécusables, prou-
vent jusqu'à l'évidence que le rétablissement
de Saint-Domingue ne saurait être dans les
intérêts de la France. De nombreuses réclama-
tions s'élèveront sans doute contre ces preuves,
mais on ne les détruira point, et il restera
vrai que les noirs ne peuvent être entièrement
soumis, et qu'il sera toujours facile aux in-
dépendans de détruire, pendant la nuit, une
partie des travaux du jour, soit en incendiant,
soit en coupant les jetées, et en mettant ainsi
sous l'eau toutes les cultures des plaines ; il ne
sera pas moins vrai, aux yeux de tout habitant instruit, qu'il vaudrait mieux commen-
cer à défricher avec sécurité une terre absolument nouvelle, que de chercher à rendre à
la culture des cloaques infects couverts de
halliers impénétrables, et défendus par des
hommes vraiment indomptables.

Répétons-le donc hardiment, le rétablissement de la partie française de Saint-Domingue,
qui procurerait difficilement, à une faible

portion de ses habitans, quelques débris de leurs anciennes fortunes, ne saurait être dans les vues du gouvernement, qui doit trouver dans des spéculations plus productives et moins précaires, un aliment essentiel à l'industrie française de toutes les classes, et des moyens d'échange nécessaires à son commerce et à l'entretien de sa marine.

Cédant à l'évidence de ces preuves, quelques personnes en concluront peut-être que si l'ancienne partie française est presque totalement ruinée, la partie espagnole, parfaitement boisée, et à peu près vierge de culture, doit offrir les plus grands avantages pour la création de nouveaux établissemens.

Nous opposerons à cette idée les dangers d'une population trop voisine et toujours ennemie; nous observerons aussi que si l'ancienne partie française, qui n'est en étendue que la moitié de la partie espagnole, et qui avait le tiers de sa surface inutile, s'est trouvée surchargée et écrasée par la masse de ses cultivateurs, on doit redouter, avec toute raison, de voir approcher la partie espagnole de l'état de splendeur auquel était parvenue la partie française; elle ne s'y élèverait toutefois qu'avec les secours d'un plus grand nombre d'esclaves et d'animaux; car, en supposant toutes choses égales d'ailleurs, ce qui n'est point, la partie espagnole comprenant de bien plus grandes distances entre ses deux mers, occasionnerait des frais d'exploitation bien plus considérables. Cependant, comment se procurer des esclaves aujourd'hui? où prendre la grande quantité d'animaux nécessaires à tous les travaux? ce ne sera certainement pas dans l'ancienne partie française, où les noirs, toujours mécontens de la France, ne seront jamais que des hommes farouches et dange-reux pour les planteurs français, qu'ils ver-ront toujours comme leurs plus cruels enne-mis.

Quel voisinage que cette population pour des planteurs dont la sécurité et la fortune devraient être basées sur le régime de l'escla-vage? Quelle vraisemblance qu'en aucun temps, et surtout en temps de guerre, la puissance des Anglais, et l'influence plus puissante des Anglo-Américains, laissassent à l'agriculture les douceurs de la paix, première et indispensable condition de ses succès? Aucun homme rai-sonnable ne peut se bercer de ces trompeuses illusions; et le gouvernement, bien plus en-core que tout individu, planteur ou négo-

ciant, doit écarter ce chimérique et fallacieux
espoir.

Admettant toutefois l'impossible, et supposant que la partie espagnole de Saint-Domingue pût s'élever au point où était parvenue la partie française, ce qui ne peut se concevoir qu'autant que cette partie aurait été
enfin soumise, cet établissement, le plus riche
de l'univers, deviendrait bientôt l'objet de
l'envie et de la jalouse inimitié d'autres puissances, qui parviendraient sans doute à créer
tôt ou tard des troubles intérieurs, et à re-
nouveler les scènes déplorables qui ont amené
la complète ruine de l'ancienne colonie française.

Mais il est temps de terminer cette trop
longue discussion, de laquelle on croit pouvoir conclure, avec tout fondement, que le
rétablissement de Saint-Domingue par la force
ne saurait être dans les intérêts de la France.
Finissons en établissant la troisième et dernière assertion, dans laquelle nous avons
avancé que le seul moyen, pour la France,
de tirer quelque avantage de Saint-Domingue,
est de reconnaître l'indépendance de son ancienne colonie.

TROISIÈME ASSERTION.

Le seul moyen pour la France de retirer encore quelque avantage de Saint-Domingue est de reconnaître l'indépendance de son ancienne colonie.

Avant d'aborder en elle-même la question délicate de l'indépendance des noirs, qu'il me soit permis de jeter en avant quelques vues générales sur l'état actuel du Nouveau-Monde, et sur les relations qui se forment ou se formeront entre ses nouveaux peuples et ceux de l'ancien continent.

L'on ne peut réfléchir sur la nécessité de voir refleurir le commerce en France sans reconnaître le besoin, pour cette puissance, d'avoir une marine et des colonies, où tout au moins des ports et entrepôts où elle jouirait de quelques priviléges.

Cette vérité est un axiôme pour tout Français qui raisonne les intérêts de sa patrie, et devient plus que jamais incontestable depuis

que le génie de l'indépendance et les convulsions de l'Europe transportent au-delà des mers
une immense population dont les besoins et
les rapports commerciaux avec une ancienne
patrie doivent tant influer sur la prospérité
des nations européennes.

Avant les changemens qu'opère journellement le mouvement des idées révolutionnaires, quelques puissances de l'Europe glanaient
exclusivement sur des parcelles du Nouveau-
Monde soumises à leur pouvoir, et fatiguées
pour la plupart de culture. Mais ces possessions,
qui échappent journellement à leur autorité
(pussent-elles même être conservées avec des
sacrifices inouis), doivent paraître insuffisantes
aujourd'hui, et les nations ambitionneront
sans doute de moissonner avec avantage, et
dans le rapport de leurs richesses territoriales
et industrielles, dans les champs immenses
qu'ouvre à toute l'Europe la population toujours croissante des peuples du Nouveau-Monde, population qui absorbera nécessairement
les Antilles, et dont les intérêts commerciaux
étudiés le plus tôt possible, et bien entendus,
doivent fonder la véritable prospérité des peuples de l'Ancien-Continent.

Il paraît donc démontré que le système co-

lonial et commercial de l'Europe est au moment d'éprouver les plus grands changemens.
Les Français, que leur amour pour le travail, et leurs produits territoriaux et indus-
triels, placeront toujours à la tête des nations
européennes, ne doivent rien négliger pour
s'assurer de grands avantages dans le nouveau
système qu'il est de leur intérêt de bien étu-
dier, et l'on osera même dire de faire naître.

Il ne doit plus être basé, ce système, sur la
possession exclusive et insuffisante de quelques
parcelles de territoire à gouverner par des lois
beaucoup trop oppressives. Les moyens de
maintenir un pareil ordre de choses, également
onéreux et insuffisans, échappent journellement des mains des métropoles ; la France
a déjà fait une cruelle expérience de cette vérité dans sa belle colonie de Saint-Domingue,
qui ne peut plus être soumise avec avantage
pour elle.

Vainement quelques individus, animés par
leurs intérêts et la soif d'une domination à laquelle ils ne doivent plus prétendre, oseraient
encore avancer, à l'égard de Saint-Domingue,
que le chef des hommes de couleur qui commande dans l'ouest et le sud, où il se montre
plus favorable aux blancs, pourrait, avec

quelques secours de la métropole , rétablir l'ordre dans l'île : un pareil projet ne peut qu'amener de nouveaux désastres, et l'on ne doit en attendre aucun succès.

Boyer ne commande que dans la moindre partie du territoire ; il commande à un parti dont les noirs sont la principale force, et qu'il éprouve le besoin de ménager. Il est soumis lui-même à la surveillance d'un sénat dirigeant qui ne laisse point aller les blancs sur leurs anciennes propriétés, lesquelles ont à peu près été toutes divisées et cédées par petites parties. Tout prouve que le commandant n'est pas sans inquiétude ; il lui importe donc d'accueillir les blancs, de se renforcer tout au moins de leur suffrage. Mais comment ne pas s'épouvanter de l'idée que les malheureux propriétaires blancs, dont les hommes de couleur ont tant désiré l'éloignement, amoncelés et parqués dans quelques points déterminés, peuvent courir les risques de se trouver à la merci des évènemens, et pourraient même être pris pour otages, dans le cas où une force armée tenterait un débarquement, et où plus d'une voix intéressée publierait qu'elle vient pour rétablir l'esclavage ? Les blancs, l'on en frissonne d'horreur, semblent être rassemblés

dans l'ouest et le sud comme ces troupeaux
amoncelés dans les camps et places de guerre
pour êtré sacrifiés aux boucheries des armées
et des siéges; et peut-être que l'on doit beaucoup, sous ee rapport, au chef de la partie
du nord, qui ne veut recevoir aucun Français avant d'avoir réglé les nouvelles relations
à établir entre la France et le territoire sous
son autorité.

Il existe toutefois de puissans motifs de sécurité sur la tranquillité de la population de
l'ouest et du sud; elle est sous le commandement d'un homme de mérite distingué; elle
peut être facilement observée par mer, et se
trouve en cela très-facile à contenir par des
forces qui la parcourraient sans perdre de vue
leurs vaisseaux, dont elles tireraient toute as-
sistance. Les hommes de couleur, qui y sont
en très-grand nombre, sont aussi pour la plupart d'anciens propriétaires, accoutumés à
l'ordre et à des jouissances qui s'abandonnent
difficilement.

L'on peut donc entrevoir avec satisfaction
que l'état de paix ne sera probablement pas
troublé dans les limites du territoire où commande un homme estimable, aussi long-temps
que l'on n'y débarquera pas des troupes qui

ne pourraient rien, ou très-peu de chose,
contre la population de la province du nord,
et d'une grande partie de l'ouest. Là, en effet,
sous le commandement d'un chef très-sévère
et même despote, une force armée, beaucoup
plus nombreuse que celle de Boyer, et parfaitement soumise, est chargée de la défense d'un
terrain bien plus vaste et plus montueux que
celui qu'occupent les troupes de l'ouest et du
sud. Un pareil théâtre d'opérations offre les
plus sûres combinaisons de défense, et ces
combinaisons sont connues et étudiées depuis
vingt-cinq ans par les chefs noirs, qui commandent à des hommes dont ils sont sûrs, et
qui ne peuvent être ni poursuivis ni atteints
par des troupes de débarquement dans leurs
repaires, éloignés de dix à douze lieues de la
mer, d'où l'on devrait tirer tous les moyens
d'assurer les attaques.

Les pluies par torrens qui détrempent beaucoup plus les terres horriblement accidentées
du nord que celles de l'ouest et du sud, rendent aussi cette première partie de terrain
beaucoup plus impraticable, et assurent à ses
défenseurs des avantages que les Anglais et les
États-Unis leur maintiendraient au besoin, et

qu'aucune force ne peut faire céder, ainsi que l'on en a trop la certitude.

Que l'on se persuade donc bien que l'envoi d'une force armée à Saint-Domingue ne peut amener que d'affreux résultats, dans le cas même où l'on voudrait supposer cette force soumise aux ordres du chef très-distingué qui commande au Port-au-Prince, ce qui ne serait probablement point aisé à obtenir.

Que l'on se persuade enfin que la vraie manière de rentrer à Saint-Domingue existe dans la possibilité d'être admis au Cap-Français et dans le nord, ce que bien des gens, et surtout nos ennemis, ne veulent pas nous laisser comprendre ; ce qui donne lieu à tous les faux rapports que quelques messagers du Port-au-Prince, et nos plus dangereux ennemis, qui dominent dans le nord, se plaisent à exagérer, tandis que les noirs de cette même province, absolument isolés de la France, et sans aucun défenseur, ne peuvent nous faire connaître leur véritable situation, et encore moins leurs plus sûres dispositions à notre égard.

Mais, s'écrie-t-on, comment parler de rapprochement avec des hommes dont le chef, dans le nord, est tristement fameux par sa férocité ?

C'est la persuasion où l'on est que cette accusation est aussi fausse que préjudiciable à nos intérêts, qui décide à prendre la défense de ce chef.

Tous les hommes sans prévention, qui l'ont connu à fond, attestent la régularité de sa conduite et sa grande probité; il a toujours été cité comme bon époux et excellent père. Véritable ami des blancs, dont il faisait sa société intime, aucun chef noir ne soutenait autant que lui l'activité des cultures, et ne maintenait autant le bon ordre. Le Cap et ses environs étaient enviés de tous pour la sécurité et le brillant état des habitations aux deux époques fatales de l'arrivée dans la colonie du présomptueux état-major qui accompagnait le général Hédouville, et de la pétulante armée commandée par le général le Clerc.

Christophe Henri venait d'arrêter, au moment du débarquement de cette dernière, les désastres du massacre des blancs dans les environs du Cap; il fut nommé le sauveur des européens dans cette circonstance, et se réjouissait avec trente blancs qu'il traitait chez lui lorsqu'on vint lui annoncer l'approche de la flotte française, pour la bonne réception de laquelle il prescrivit d'amicales dispositions.

C'est encore lui qui, forcé de repousser d'in-
jurieuses provocations dont son toit généreux
et hospitalier fut le théâtre, fit tout ce qui
était en sa puissance pour sauver la vie à un
grand nombre de propriétaires au moment
terrible du débarquement. Il fit plus encore,
et n'ayant rien conservé au milieu de cet affreux bouleversement, il n'hésita pas à re-
mettre aux autorités françaises son fils *unique
alors*, pour gage du désir qu'il avait de prouver son inaltérable attachement à la métropole et aux Français, qu'il aimait.

Comment a-t-il été traité? comment s'est-on
conduit à son égard, à l'égard de son fils et de
tous ses frères ?

La solution de ces questions répondrait peut-
être d'une manière victorieuse aux torts que
l'on reproche à cet homme énergique, torts
qui sont tout au moins exagérés, s'ils ne sont
méchamment controuvés : car Christophe,
homme d'un excellent jugement, peut, dans
son caractère de sévérité, avoir été poussé à
l'exaspération ; mais il n'a pas été cruel de
sang-froid et par instinct.

L'on pense donc que l'on est encore en droit
de beaucoup espérer de lui ; et dans l'intérêt
bien entendu qu'a la France de chercher à

faire recevoir son pavillon à Saint-Domingue, où les étrangers, très-adroits à tirer avantage de notre obstination et de nos fautes, envoient journellement des hommes de choix, tels que de sages instituteurs, de bons chirurgiens et médecins, et des hommes de tous états, qui finiront certainement par changer les habitudes toutes françaises et même le langage du pays, l'on ne voit rien de plus urgent que de tenter tout moyen de rétablir nos relations commerciales avec cette ancienne possession. Et c'est d'après la conviction résultant de méditations sérieuses auxquelles nous a conduits le désir d'un succès si essentiel à la France, que nous osons encore espérer que les dispositions des chefs des noirs et des hommes de couleur (car le président Boyer est reconnu pour un homme très-traitable) favoriseraient probablement un rapprochement encore éminemment avantageux aux intérêts de la métropole, dans le cas même où elle consentirait à l'indépendance de son ancienne colonie.

Indépendance! c'est là le mot si terrible que je ne prononce pas moi-même sans crainte d'effaroucher, et qui ne peut être entendu sans un mouvement d'indignation par une certaine classe d'hommes qui ne voit rien, ne connaît rien hors le droit d'oppression qu'elle ne peut abandonner ; c'est le seul mot, dis-je, dont l'admission, dans toutes ses conséquences, peut rapprocher la France de l'ancienne aînée de son industrie.

Sans marine et sans colonies de quelque importance à soutenir ou à approvisionner, l'antique souveraine des Gaules, affaissée sous le poids de préjugés vaniteux et d'énormes dépenses qui ne s'en séparent jamais, ne peut plus songer à de grands armemens, ni à tenter les hasards des grands combats sur mer ; mais elle ne doit rien négliger pour assurer, de concert avec les autres puissances maritimes, l'indépendance de son commerce, et la libre navigation de son pavillon. Elle doit donc avoir une marine, et chercher à former des hommes de mer, avantages qu'elle ne peut obtenir qu'en multipliant ses rapports commerciaux au-delà de l'Atlantique ; et pour celui qui sait de quelle ressource serait pour la marine de France et son commerce, le retour des Français dans les ports et rades de Saint-Domingue, rien ne paraît aussi important que de pouvoir renouer quelques relations avec cette reine des Antilles.

L'on ne saurait nier aussi que la pensée dominante des peuples, fondée sur leurs anciens besoins comme sur leurs nouvelles idées, pensée dominante qu'il importe tant d'observer, est entièrement dirigée vers le commerce. Tous les peuples ont soif de cette indépendance essentielle à leur repos; c'est donc une étrange situation pour la France, qui doit au moins marcher de front avec les autres puissances vers ce grand objet, de ne pas diriger ses vaisseaux et son industrie vers ces mêmes ports où toutes ses habitudes et ses produits lui assureraient des avantages infinis. Et quand on met en avant, pour motifs de son insouciance dans ce genre, l'inconvenance de donner un dangereux exemple, en abandonnant la cause d'amis et de voisins, il semble voir un concours de nombreux athlètes prétendant au prix le plus important pour leur patrie, se lancer dans l'arène, et l'un des plus vigoureux abandonner le but qu'il ne tenait qu'à lui d'atteindre, par égard pour son pesant et indolent voisin...... Dans des intérêts de l'ordre le plus relevé pour le bonheur du peuple, songeons d'abord à nous; nous aiderons bien plus puissamment après nos voisins.

Mais est-il bien prouvé que l'indépendance de Saint-Domingue dût ajouter à la fâcheuse situation actuelle de l'Espagne à l'égard de ses colonies? L'on ne saurait le croire, et pour en être convaincu, il suffit de considérer d'une part que l'insurrection du continent colonial espagnol contre la mère-patrie existe depuis bien long-temps; de l'autre, que ses projets d'indépendance sont souvent aidés aujourd'hui par des armemens qui ont lieu dans les ports de la partie française de Saint-Domingue. Or, qui ne voit qu'en reconnaissant l'indépendance haïtienne, ces armemens pourraient être prévenus par le traité à intervenir entre la France et son ancienne colonie; qu'une des conditions de ce traité pourrait faire cesser ces secours hostiles contre l'Espagne, et refuser même l'entrée des ports et rades aux bâtimens de guerre des puissances favorables à la cause de l'indépendance?

L'on objecte encore contre l'indépendance de Saint-Domingue la crainte du dangereux voisinage d'un gouvernement noir au centre des Antilles; comme si l'on pouvait supposer que la situation actuelle de Saint-Domingue n'est pas bien connue dans les autres colonies; comme si l'on pouvait croire que cette espèce de lutte sourde qui existe entre la France et son ancienne colonie, n'offre pas plus de dangers pour les populations des îles voisines qu'un arrangement sagement consenti, et qui prévoirait ces mêmes dangers.

Peut-on enfin raisonnablement se dissimuler que les noirs de Saint-Domingue, aidés des secours de l'Angleterre et des États-Unis, qui veulent l'indépendance des Antilles, viendront bien plus sûrement à bout de bouleverser nos autres possessions, si nous les laissons dans l'état actuel d'inquiétude qui les agite, que si nous réglons par un traité, également avantageux pour tous, des conditions rassurantes pour la tranquillité de nos autres possessions?

Veut-on une preuve de cette assertion? Voici un fait qui ne peut laisser de doute sur les dispositions des Haïtiens à respecter les droits des nations. Des noirs, esclaves de la Jamaïque, qui étaient parvenus à quitter l'île dans deux bâtimens, s'étaient jetés sur la côte de Saint-Domingue, où il paraît qu'ils ont été reconnus libres. Le roi Henri, instruit de cet évènement, a fait notifier au gouvernement anglais que, bien que personne ne tienne autant que lui à faire jouir ses frères du droit inaliénable d'hommes libres, il eût néanmoins fait respecter le droit de propriété couvert par un pavillon ami, et que si les

noirs esclaves de la Jamaïque se fussent pré-
sentés dans ses ports et mouillages, ils n'auraient pas été reçus dans ses états.

L'on peut déduire avec grand fondement,
de cette notification, que la tranquillité des
autres colonies françaises serait plus assurée
que jamais si l'on pouvait se décider à conclure un traité auquel, quoi que l'on en puisse
dire, une jouissance de fait non contestée
depuis quinze ans, peut bien faire succéder
une jouissance de droit démontrée avantageuse
à la France.

Que doit ambitionner en effet cette puissance aujourd'hui qu'elle ne doit plus, qu'elle
ne peut plus ressaisir son autorité à Saint-
Domingue, et que la propriété du sol lui est
irrévocablement ravie? c'est sans doute de
retirer encore le plus grand avantage commercial de cette colonie en y faisant le moins
de dépense possible. Les vues de la France sur
Saint-Domingue doivent donc être considérées
comme purement matérielles, si l'on peut
s'exprimer ainsi, et l'on démontrerait au besoin, ce qui a déjà eu lieu, qu'elle ne doit
plus songer au personnel, dont elle ne pourrait faire respecter l'autorité.

L'établissement des troupes, l'installation

des tribunaux, la formation de toutes les administrations exigeraient des dépenses, un envoi d'agens si considérable, si coûteux, et surtout si étranger aux premières notions qui conviendraient à ce pays, que l'on doit réellement être effrayé de l'idée d'un pareil projet. La colonie de Saint-Domingue, que l'on a démontrée infiniment déchue, et sans doute pour toujours, de son ancienne splendeur, est loin de pouvoir mériter, et encore plus de pouvoir obtenir de pareils sacrifices. Dans ce cas, n'est-il pas infiniment préférable aux intérêts de la France de devenir la puissance la plus favorisée dans les ports et rades de Saint-Domingue, et d'obtenir en même temps une indemnité annuelle consentie *par la colonie pour prix de son indépendance,* laquelle serait distribuée aux anciens propriétaires dépossédés et à leurs créanciers? C'est bien à Saint-Domingue surtout que l'on croit pouvoir faire aujourd'hui l'application de la maxime jusqu'à ce jour trop peu avouée, que les colonies ne doivent être ambitionnées que pour leur commerce et non pour leur propriété.

Supposons en effet, un moment, que les mers et tout ce que nous désignons aujourd'hui sous le nom de colonies fussent libres pour tous les pavillons : quels avantages la France ne prendrait-elle pas sur les autres puissances de l'Europe à raison de son industrie et de tous les avantages inhérens à son sol? Or, les mers et les colonies seront libres un jour ; le commerce et le génie de la liberté, ces deux premiers, ces plus puissans guides du monde, le veulent ainsi, et poussent tous les peuples vers cette grande révolution. La France, qui doit le plus la désirer, est aussi celle des puissances européennes qui doit le plus la hâter ; la manière dont elle en usera avec Saint-Domingue peut surtout faire faire un grand pas vers le système que poursuivent les deux Amériques, qui proclament avec beaucoup de raison, que chacun doit être maître chez soi, et que les mers doivent être pour tous. Nul doute que les Américains ont la volonté d'établir et de maintenir ces deux grands principes de l'état social, et que le temps et la force leur en donneront les moyens.

Honneur et prospérité aux puissances européennes qui entreront les premières dans cette coalition ! l'émancipation de Saint-Domingue par la France est le pas le plus sûr et le plus sage que cette puissance puisse faire vers cet objet du plus vaste intérêt pour le monde entier et surtout pour elle.

AVIS.

En terminant cet écrit, il nous vient à la pensée qu'il serait possible que, pour une raison ou pour une autre, on crût, ou l'on affectât de croire, que les opinions qui y sont exprimées, les projets qui y sont indiqués, ne sont que le résultat des circonstances du moment; qu'en un mot, il ne nous a pas été difficile de venir, après les événemens, trancher du prophète, nous emparer des idées passées en circulation, et, comme tant d'autres, saisir l'instant où les résultats nous auraient indiqué ce qu'il convient de dire ou de penser.

Nous sommes bien aises, et nous croyons même que cette considération peut être de quelque poids dans la cause que nous défendons; nous sommes bien aises de donner une preuve irrécusable de la date de notre manière de considérer la question des colonies, et particulièrement la situation de Saint-Domingue. C'est dans ce but que nous joignons à cet écrit les deux pièces que l'on va lire. L'époque à laquelle elles se rattachent, le sens dans lequel elles sont rédigées, tout prouve que notre opinion sur Saint-Domingue est le fruit de connaissances déjà anciennes et de longues méditations. Ce n'est point à nous à prononcer que nous avons rencontré la vérité; mais les lecteurs verront du moins que nous l'avons cherchée avec bonne foi, et que nous montrons avec persévérance, pour le bien de notre chère patrie, les lumières que nous croyons avoir allumées à son flambeau sacré.

RÉFLEXIONS

Sur l'état actuel de la colonie de Saint-Do-
mingue et sur les moyens d'y établir l'au-
torité de la métropole, remises au ministre
de la marine DECRÈS, *avant le départ de*
l'armée du général LECLERC; *octobre* 1801.

Après les travaux les plus étonnans et les souffrances
de tout genre qu'a supportées le peuple français pendant
le long cours d'une guerre, l'une des plus affreuses qui
ait ensanglanté les quatre parties du monde, le fruit le
plus essentiel qu'il puisse espérer de la paix aussi glo-
rieuse qu'inattendue qui vient de lui être annoncée,
est sans doute le rétablissement de l'importante colonie de Saint-Domingue, que son génie infiniment actif, et l'une de ses premières vertus, son amour inap-
préciable pour le travail, avaient rendu le pays le plus
riche du globe, et la source de la prospérité de la
France.

Les malheureux habitans blancs de ce pays infor-
tuné, dont le nombre a été diminué des cinq sixièmes
par tous les genres d'horreurs, et dont les débris épars,
pressés par la misère et par le besoin qu'éprouve tout
Français qui a connu Saint-Domingue de le revoir encore, malgré les rigueurs inouies d'un gouvernement
infiniment arbitraire et dur; les malheureux habitans,
dis-je, de cette terre de nécessité pour les Français et
la France, pourront-ils se réjouir plus que leurs frères
d'Europe, et autant qu'ils le désirent, du bonheur que
le plus puissant des gouvernemens, qu'ils connaissent
à peine, vient d'assurer au monde entier? Je ne puis
malheureusement le croire; je viens de les quitter; je
connais leur cruelle position : la première nouvelle de
la paix sera pour eux un sujet égal d'ivresse, de joie
et de stupeur consternante.

Les noirs, maîtres absolus de la colonie en ce moment, y commandent de la manière la plus exclusive;
un petit nombre de blancs occupent quelques emplois
dans la force armée. Plusieurs sans doute sont dignes
d'estime; mais combien d'entre eux sont voués journellement à la haine et au mépris de leurs frères!

Sous le prétexte de craintes, qui sont toujours infiniment exagérées, les noirs entretiennent sur pied
quinze mille hommes d'infanterie et douze cents de
cavalerie; la masse entière des cultivateurs, organisée
en milice nationale, commandée par des hommes sé-
duits par quelques principaux chefs, est toujours prête
à se lever et à marcher; tout le monde, dès-lors, est
sous les armes, blancs, rouges, et noirs, et tout est nécessairement debout au premier signal, sous peine de
la vie.

Des travaux de défense multipliés dans tous les points
de débarquement, ordonnés sous le prétexte de dangers qui n'existaient pas, assurent qu'il est impossible
de tenter aucun débarquement sans qu'il soit sur-le-
champ annoncé dans toute la colonie; rien n'est plus
promptement servi que la correspondance des chefs.

Des munitions de guerre, des armes en quantité
étonnante, existent dans les chefs-lieux, mais surtout
dans l'intérieur des repaires connus pour être le plus
susceptibles de défense; un long usage de la guerre,
sur ses principaux théâtres dans la colonie, a mis les
noirs à même de faire des dispositions qui annoncent
quelque intelligence.

Mais c'est surtout dans la guerre d'embuscade qu'ils
trouvent toujours leur plus grande force.

Doués de toute leur activité sous le climat brûlant
de Saint-Domingue, ils peuvent vivre dans les bois, de
racines et de fruits du pays, habituellement nuisibles
aux Européens; leurs petites armées de cinq à six
mille hommes tiennent la campagne pendant des mois
entiers sans recevoir aucun traitement ni rations. Elles
ont plus fait; on les a vues, privées d'abris et de tout
secours de subsistance, faire dix et douze lieues par
jour pour se rendre sur Santo-Domingo.

Si l'on ajoute à ces détails sur la position actuelle
de la colonie les ressources infinies que l'on puise

journellement dans le trésor pour se procurer tout ce qui peut être acheté au-dehors seulement (car l'on ne paye rien dans l'intérieur), l'on aura quelque idée du degré de force matérielle qui existe en ce moment dans l'île.

A la tête de ces forces, se trouve l'homme le plus actif et le plus infatigable dont on puisse se faire une idée; l'on peut rigoureusement dire qu'il est partout, et toujours surtout où un jugement sain et le danger lui font croire que sa présence est plus essentielle. Le soin particulier qu'il prend de toujours tromper sur sa marche les hommes, même dont il a le plus de besoin, et auxquels on croit qu'il accorde une confiance qui n'est cependant à personne, fait qu'il est également attendu tous les jours dans les chefs-lieux de la colonie française. Sa grande sobriété, la faculté à lui seul accordée de pouvoir ne jamais se reposer, plus que tout cela, l'avantage qu'il a de reprendre le travail du cabinet après de pénibles voyages, de répondre à cent lettres par jour, et de lasser habituellement cinq secrétaires, en font un homme tellement supérieur à tout ce qui l'entoure, que le respect, la soumission pour lui, vont jusqu'au fanatisme dans le plus grand nombre des têtes. L'on peut même assurer qu'aucun homme aujourd'hui n'a pris sur une masse d'individus, grandement ignorans il est vrai, le pouvoir qu'a pris le général Toussaint sur ses frères de Saint-Domingue. Il est le maître absolu de l'île; et rien ne peut balancer sa volonté, quelle qu'elle soit, quoique quelques hommes marquans, mais en très-petit nombre, parmi les noirs, en connaissent et redoutent la trop grande étendue.

Je n'ai cessé moi-même de la craindre, et je l'annonce depuis cinq ans au gouvernement, comme devenant toujours plus redoutable. Au reste, Toussaint est bon père, excellent époux, bon et honnête envers tout le monde; et ses qualités civiles sont aussi rares que sa vie politique est astucieuse et coupable.

Rapproché plus particulièrement que beaucoup d'autres, par les circonstances, de cet homme, auquel j'ai rendu de grands services, et dont je n'en ambitionnai et n'en reçus jamais aucun d'aucune espèce, je n'ai cessé de chercher à lui inspirer la qualité la plus essentielle à son bonheur et à celui de la colonie. J'ai pu croire long-temps qu'il était digne de toute mon estime et des bontés du gouvernement; je l'avais laissé dans les plus heureuses dispositions au moment de mon départ de la colonie en l'an 8; mais combien je l'ai trouvé changé pendant mon dernier voyage!

Ce changement n'a pas pu toutefois grandement me surprendre. Toussaint, enflé de ses succès contre les hommes de couleur du sud qui avaient tout tenté pour le faire périr; recherché par le perfide gouvernement américain qui traitait exclusivement avec lui, mettait à sa disposition un grand nombre de bâtimens armés, et ne l'entretenait que de l'avantage réciproque qui résulterait pour les deux pays de l'échange direct de leurs produits; pressé, séduit, violenté peut-être par les offres et les propositions des Anglais, qui voulaient exclusivement pour eux, les débris du commerce d'une colonie qu'ils désiraient infiniment de pouvoir anéantir, ne pouvant la posséder; bassement, faussement adulé par des hommes plus mécontens que coupables, qu'il a reçus et protégés sur leurs biens, autant par bonté que par politique; Toussaint pouvait-il laisser espérer qu'il ne s'égarerait pas?

Oui, il est pleinement égaré; et c'est là le sujet de toute peine pour moi, et peut-être la source des plus grands malheurs pour le pays que j'aime en bon Français, et que j'ai la confiance d'avoir bien servi pendant quinze ans.

Cependant, au milieu de son égarement, que j'ai plus que personne reproché, et peut-être reproché seul à cet homme auquel j'ai toujours dit la vérité, j'ai reconnu des indications précieuses du reste de la soumission que je lui avais connue envers le gouvernement français. Toussaint ne cesse de se plaindre; Toussaint n'a cessé de me dire qu'il est aussi bon Français que qui que ce soit; mais il assure que le gouvernement ne veut pas lui pardonner ses fautes, qu'on veut les lui faire expier par une fin honteuse; et alors cet homme, du caractère le plus ferme et le plus absolu, laisse trop apercevoir l'intention où il est de défendre une vie qu'il avoue n'être pas exempte de grandes erreurs, mais qu'il prétend aussi avoir signalée par d'importans services. Il m'a souvent répété : «J'ai mal fait hier et avant-hier, je méritais d'être puni pour le fait, et jamais pour mes intentions; mais j'avais bien fait auparavant, pourquoi le gouvernement n'a-t-il jamais voulu me le dire? Si j'étais blanc, je serais au-dessus de tout éloge; je mérite cependant plus comme noir ; mes fautes d'aujourd'hui sont dues à mes inquiétudes..... » Il m'a dit enfin ce qu'il est impossible de confier au papier.

C'en est assez, sans doute, sur la situation actuelle de la colonie et de ses infortunés habitans. Je me sens pressé du besoin d'indiquer quelque remède à leurs maux : je sais que chaque heure qui frappe, en rappelant aux derniers que le temps de leur pénible existence s'écoule, leur rappelle aussi que cette existence peut être terminée d'un moment à l'autre de la manière la plus affreuse.

Je vais donc proposer ce que je pense convenir à la circonstance; je serai loin malheureusement de présenter des moyens qui paraissent répondre à la dignité et à la supériorité du gouvernement français; mais que peut ajouter aujourd'hui à sa gloire ce gouvernement? le pardon des fautes, le soin de rallier par la persuasion et la bonté, des hommes égarés, semblent être les seules jouissances qu'il puisse encore ambitionner.

Il est aisé d'apercevoir, d'après ce qui a été dit, et c'est entièrement mon opinion; il est aisé d'apercevoir, dis-je, que Toussaint, maître absolu de la colonie, est également maître de faire qu'elle soit parfaitement soumise aux volontés du gouvernement français. Nul doute qu'au moment où j'ai quitté cette colonie, si Toussaint avait reçu des ordres du premier consul, et que lui Toussaint eût commandé leur stricte exécution, ils eussent été reçus avec reconnaissance et exécutés avec grande joie par tous les habitans, à quelques légères exceptions près, et tout-à-fait insignifiantes. Ainsi rien n'est plus pressant et plus intéressant que de pouvoir approcher de cet homme, que je crois pénétré du besoin d'avoir l'estime du gouvernement, besoin qui deviendra infiniment plus pressant pour lui au moment de la paix.

Je pense donc qu'il faudrait faire partir, sous le plus bref délai, deux ou trois hommes d'un grand nom qui se rendraient à Saint-Domingue pour y annoncer la paix, raisonner Toussaint et le rappeler de ses égaremens ; ces commissaires seraient porteurs des volontés du premier consul, et d'une réponse à l'envoi dernièrement fait au gouvernement.

Je désignerai deux de ces commissaires, que je crois essentiels à envoyer. L'un d'eux serait le citoyen Coisnon, homme respectable et directeur de l'institution coloniale ; il devrait emmener avec lui les enfans de Toussaint, et tous ceux de ses élèves dont l'éducation est faite. Cet homme, singulièrement estimé à Saint-Domingue, y serait vu avec toute vénération, et produirait la plus heureuse sensation ; il ramènerait avec lui de nouveaux élèves, qui continueraient à nourrir les mêmes liens entre la colonie et la métropole : personne ne peut autant que le citoyen Coisnon sur l'esprit de Toussaint et sur tous les chefs noirs.

Je lui adjoindrais, avec grand avantage pour le succès de la mission, un homme de mérite, qui est l'ami du citoyen Pascal, secrétaire général du gouvernement. Ce secrétaire intime est le seul homme doué des qualités publiques qui soit auprès du général en chef ; il a eu toute sa confiance. Mais son attachement à la métropole le fait écarter dans ce moment ; il est cependant toujours estimé, et mérite de l'être : il est indispensable, pour les conciliations, d'être guidé par cet homme. Pascal est plein d'estime et de confiance pour le citoyen Mejean, homme de loi ; et c'est ce qui me détermine au choix de ce citoyen éclairé, que je crois infiniment capable de cette importante mission.

Je ne m'oublierai pas au point d'indiquer un troisième commissaire, que je désirerais être un militaire, et ne céderai sur ce point qu'aux ordres du ministre ; mais je pense qu'il doit être un général divisionnaire distingué.

Ces commissaires auraient les ordres les plus positifs de revenir promptement, et les affligeantes dispositions nécessaires pour assurer le succès de leur mission ne seraient pas négligées pendant leur absence, qui devrait même être assez courte pour que les moyens de contrainte arrivassent encore dans la meilleure saison pour agir.

Toussaint, j'ose l'espérer, satisfera le gouvernement; dans le cas contraire, son influence sera infiniment diminuée, et les moyens de réduction à employer frapperont bien plus sûrement. Un écrit bien fait sur la conduite des noirs en ce moment, et furtivement disséminé dans la colonie, produirait aussi le plus grand effet; il m'a été demandé par un chef noir, homme à distinguer particulièrement.

Un grand moyen enfin à employer dans le cas où il y aurait nécessité de faire usage de la force ouverte, ce serait que la partie espagnole pût être rendue à l'Espagne. Les habitans de cette partie, qui pourraient user de représailles, et reprendre sans coup férir, sur les troupes de Toussaint, le pays dont il s'est emparé sans le consentement du gouvernement espagnol, garantiraient, par le soin qu'ils auraient des troupes en leur pouvoir, les ménagemens qu'il importe tant de procurer aux planteurs de la partie française. La possession de la partie espagnole par ses anciens maîtres, peut aussi seule rassurer contre les émigrations bien difficiles à arrêter dans l'hypothèse où toute la colonie reconnaîtrait la même autorité.

Peut-être le brûlant désir d'éviter les malheurs effroyables que je redoute pour Saint-Domingue m'égare, et je le crains; mais que ne peut sur moi ce désir! Il m'a fait souhaiter ardemment qu'un article des préliminaires de paix eût parlé de l'état des colonies. Rien n'eût été plus efficace pour la tranquillité de celle de Saint-Domingue, que de déclarer que le bonheur des colons et la prospérité de la colonie dépendant absolument de la sagesse des lois spéciales qui doivent gouverner ces contrées éloignées soumises aux lois de la république, la France prendra de suite les mesures nécessaires pour y assurer l'ordre et y rappeler leur splendeur, et qu'elle peut compter sur la bonne volonté et le concours des puissances contractantes pour parvenir à cet objet important. Une pareille

disposition aurait eu le plus heureux effet pour ramener les noirs à leur devoir; et il est grandement à re-
gretter qu'elle n'ait pas été insérée.

Je bornerai là mes idées sur les premières démar-
ches à faire pour tâcher de rétablir sans déchirement
à Saint-Domingue, la soumission due au gouvernement. Un plan de réduction par la force des armes
exigerait un travail très-étendu, et ce ne serait qu'avec
la douleur la plus amère que je m'occuperais d'un
projet que je crois devoir coûter à la France des efforts inouis en entraînant la perte presque inévitable
de cette souffrante, et depuis long-temps, trop mal-
heureuse caste blanche qui afflue journellement à
Saint-Domingue, où j'estime que, malgré les crimes
et les égaremens des hommes, le sol le plus riche de
l'univers, qui ne se dément point, fournira encore
cette année pour la valeur de cent millions de denrées
coloniales rendues en France.

Présenter au gouvernement français d'aujourd'hui,
pour lui assurer la soumission d'une section de son
territoire, une mesure aussi peu analogue à sa supériorité que celle que je viens d'indiquer, c'est sans doute
une chose hardie; mais je connais à fond le véritable
état de la colonie; je ne puis me défendre des idées
les plus accablantes quand je m'arrête sur le sort dont
sont menacés les infortunés européens qui y souffrent
en ce moment. Et quand je pense qu'un envoi de dix
mille hommes en ce moment serait insuffisant et pous-
serait à une révolte certaine, je ne puis retenir mon
désespoir, qui s'augmente encore en prévoyant que
vingt mille braves pourraient peut-être détruire trente
mille noirs; mais qu'il est bien plus probable que
trente mille européens pourraient succomber avant
d'avoir détruit vingt mille noirs retirés dans les bois
et rochers inabordables de Saint-Domingue, où ne
manqueront pas de se retrancher les rebelles après
l'incendie de toutes les plaines, et la nouvelle des-
truction d'un pays qui marchait déjà rapidement à son
rétablissement.

Paris, le 1ᵉʳ brumaire an 10. (23 octobre 1801).

Le colonel du génie

★★★★

N° II.

Paris, le 15 brumaire an 10 (6 novembre 1801).

Au général de brigade CHRISTOPHE, *commandant l'arrondissement du Cap* (1).

Vous connaissez à fond mes sentimens pour vous, mon cher général; vous savez que, pressé par l'estime que vous m'inspirez par votre bonne conduite publique et particulière, je ne pouvais vous dissimuler, non plus qu'à vos amis, que vous deviez être un ami sûr de votre gouvernement, et soumis aux volontés de la mère patrie.

Comment me serais-je trompé! je vous voyais accueillir avec les larmes de la joie les bonnes nouvelles qui intéressaient la France, alors qu'elles étaient repoussées ou tout au moins désagréables à vos chefs. Vous témoigniez de l'intérêt à mes frères d'Europe maltraités par d'autres; vous êtes enfin le plus tendre père et le meilleur époux.

Tant de qualités qui vous distinguent ne seront pas perdues pour mon pays. En ce moment important, je l'ai donné à croire aux représentans distingués près du plus puissant des gouvernemens, qui semble ne plus avoir qu'une affaire dans ce moment, la restauration de Saint-Domingue. L'on compte sur vos secours, mon cher général, pour le succès de cette grande entreprise, et la France que vous aimez ne sera pas trompée. Tenez avec votre courage éprouvé et votre sagacité ordinaire pour la soumission due à la mère patrie; protégez avec votre bonté et votre puissance les hommes et les propriétés; faites enfin que l'arrondissement du Cap soit toujours le point envié de la colonie pour la sûreté et pour les cultures. Vous

(1) Cette lettre a été remise également décachetée au ministre de la marine Decrès, avant le départ de l'expédition aux ordres du général Leclerc.

mériterez, ainsi que vous l'avez fait souvent, de la mère patrie, et vous serez distingué, ainsi que vous le méritez, de son gouvernement, qui espère infiniment de vous aujourd'hui.

Bonjour, mon cher général, je compte sur vous; je ne cesse d'assurer de votre zèle et de votre soumission les chefs de l'expédition destinée pour Saint-Domingue. Vous êtes incapable de démentir l'espoir qui se fonde sur vous.]

Mes sincères complimens à votre épouse; mille caresses aux petits enfans.

Je vous annonce le mentor qui doit ramener Ferdinand.

Salut et amitié.